школа - die Schule	2
путешествие - die Reise	5
транспорт - der Transport	8
город - die Stadt	10
ландшафт - die Landschaft	14
ресторан - das Restaurant	17
супермаркет - der Supermarkt	20
напитки - die Getränke	22
еда - das Essen	23
ферма - der Bauernhof	27
дом - das Haus	31
гостиная - das Wohnzimmer	33
кухня - die Küche	35
ванная комната - das Badezimmer	38
детская комната - das Kinderzimmer	42
одежда - die Kleidung	44
офис - das Büro	49
экономика - die Wirtschaft	51
профессии - die Berufe	53
инструменты - die Werkzeuge	56
музыкальные инструменты - die Musikinstrumente	57
зоопарк - der Zoo	59
спорт - der Sport	62
действия - die Aktivitäten	63
семья - die Familie	67
тело - der Körper	68
больница - das Spital	72
неотложный случай - der Notfall	76
земля - die Erde	77
часы - die Uhr	79
неделя - die Woche	80
год - das Jahr	81
формы - die Formen	83
цвета - die Farben	84
противоположности - die Gegenteile	85
цифры - die Zahlen	88
языки - die Sprachen	90
кто / что / как - wer / was / wie	91
где - wo	92

Impressum
Verlag: BABADADA GmbH, Nedderfeld 112 , 22529 Hamburg
Geschäftsführer / Verlagsleitung: Harald Hof
Druck: Books on Demand GmbH, In de Tarpen 42, 22848 Norderstedt

Imprint
Publisher: BABADADA GmbH, Nedderfeld 112 , 22529 Hamburg, Germany
Managing Director / Publishing direction: Harald Hof
Print: Books on Demand GmbH, In de Tarpen 42, 22848 Norderstedt, Germany

школа

die Schule

классная комната
das Klassenzimmer

делить
dividieren

186/2

доска
die Tafel

школьный двор
der Schulhof

учитель
der Lehrer

бумага
das Papier

писать
schreiben

ручка
der Stift

письменный стол
der Schreibtisch

линейка
das Lineal

книга
das Buch

ученик
die Schüler

ранец
die Schultasche

пенал
die Federmappe

карандаш
der Bleistift

точилка
der Bleistiftspitzer

ластик
der Radierer

альбом для рисования
der Zeichenblock

рисунок

die Zeichnung

кисточка

der Pinsel

коробка красок

der Malkasten

ножницы

die Schere

клей

der Klebstoff

тетрадь

das Übungsheft

домашняя работа

die Hausübung

12

цифра

die Zahl

2+2

прибавлять

addieren

5-2

вычитать

subtrahieren

2×2

умножать

multiplizieren

считать

rechnen

буква

der Buchstabe

ABCDEFG HIJKLMN OPQRSTU VWXYZ

алфавит

das Alphabet

hello

слово

das Wort

текст

der Text

читать

lesen

мел

die Kreide

урок

die Unterrichtsstunde

классный журнал

das Klassenbuch

экзамен

die Prüfung

диплом

das Zeugnis

школьная форма

die Schuluniform

образование

die Ausbildung

энциклопедия

das Lexikon

университет

die Universität

микроскоп

das Mikroskop

карта

die Karte

корзина для бумаг

der Papierkorb

гостиница
das Hotel

турбаза
die Jugendherberge

пункт обмена валюты
die Wechselstube

чемодан
der Koffer

автомобиль
das Auto

язык

die Sprache

да / нет

ja / nein

хорошо

Okay

Привет

Hallo

переводчик

die Dolmetscherin

Спасибо

Danke

Сколько стоит…?

Wie viel kostet …?

Я не понимаю

Ich verstehe nicht.

проблема

das Problem

Добрый вечер!

Guten Abend!

Доброе утро!

Guten Morgen!

Доброй ночи!

Gute Nacht!

До свидания

Auf Wiederschaun!

направление

die Richtung

багаж

das Gepäck

сумка

die Tasche

рюкзак

der Rucksack

гость

der Gast

комната

das Zimmer

спальный мешок

der Schlafsack

палатка

das Zelt

туристическая информация
die Touristeninformation

пляж
der Strand

кредитная карточка
die Kreditkarte

завтрак
das Frühstück

обед
das Mittagessen

ужин
das Abendessen

билет
die Fahrkarte

лифт
der Lift

почтовая марка
die Briefmarke

граница
die Grenze

таможня
der Zoll

посольство
die Botschaft

виза
das Visum

паспорт
der Pass

путешествие - die Reise

самолёт
das Flugzeug

корабль
das Schiff

пожарный автомобиль
das Feuerwehrauto

автобус
der Bus

грузовик
der Lastwagen

велосипед
das Fahrrad

моторная лодка
das Motorboot

автомобиль
das Auto

пором

die Fähre

лодка

das Boot

мотоцикл

das Motorrad

полицейский автомобиль

das Polizeiauto

гоночный автомобиль

das Rennauto

арендованный
автомобиль
der Mietwagen

совместное пользование
автомобилями

das Carsharing

буксировочный
автомобиль
der Abschleppwagen

мусоровоз

der Müllwagen

двигатель

der Motor

топливо

der Kraftstoff

заправка

die Tankstelle

дорожный знак

das Verkehrsschild

движение

der Verkehr

пробка

der Stau

автостоянка

der Parkplatz

вокзал

der Bahnhof

рельсы

die Schienen

поезд

der Zug

трамвай

die Straßenbahn

вагон

der Wagon

вертолёт

der Hubschrauber

аэропорт

der Flughafen

вышка

der Tower

пассажир

der Passagier

контейнер

der Container

коробка

der Karton

тележка

der Rollwagen

корзина

der Korb

взлетать / приземляться

starten / landen

город

die Stadt

деревня

das Dorf

центр города

das Stadtzentrum

дом

das Haus

кинотеатр
das Kino

реклама
die Werbung

уличный фонарь
die Straßenlaterne

CINEMA

улица
die Straße

такси
das Taxi

киоск
der Kiosk

пешеход
der Fußgänger

тротуар
der Gehsteig

пешеходный переход
der Zebrastreifen

мусорное ведро
die Mülltonne

перекрёсток
die Kreuzung

светофор
die Ampel

хижина

die Hütte

квартира

die Wohnung

вокзал

der Bahnhof

ратуша

das Rathaus

музей

das Museum

школа

die Schule

университет

die Universität

банк

die Bank

больница

das Spital

гостиница

das Hotel

аптека

die Apotheke

офис

das Büro

книжный магазин

die Buchhandlung

магазин

das Geschäft

цветочный магазин

der Blumenladen

супермаркет

der Supermarkt

рынок

der Markt

универмаг

das Kaufhaus

торговец рыбой

der Fischhändler

торговый центр

das Einkaufszentrum

порт

der Hafen

город - die Stadt

парк

der Park

скамейка

die Bank

мост

die Brücke

лестница

die Stiege

метро

die U-Bahn

тоннель

der Tunnel

автобусная остановка

die Bushaltestelle

бар

die Bar

ресторан

das Restaurant

почтовый ящик

der Briefkasten

табличка с названием
улицы

das Straßenschild

паркометр

die Parkuhr

зоопарк

der Zoo

бассейн

die Badeanstalt

мечеть

die Moschee

ферма

der Bauernhof

загрязнение окружающей среды

die Umweltverschmutzung

кладбище

der Friedhof

церковь

die Kirche

детская площадка

der Spielplatz

храм

der Tempel

ландшафт

die Landschaft

лист
das Blatt

дорожный указатель
der Wegweiser

дорога
der Weg

луг
die Wiese

камень
der Stein

дерево
der Baum

путешественник
der Wanderer

река
der Fluss

трава
das Gras

цветок
die Blume

долина

das Tal

гора

der Hügel

озеро

der See

лес

der Wald

пустыня

die Wüste

вулкан

der Vulkan

замок

das Schloss

радуга

der Regenbogen

гриб

der Pilz

пальма

die Palme

комар

der Moskito

муха

die Fliege

муравей

die Ameise

пчела

die Biene

паук

die Spinne

жук

der Käfer

лягушка

der Frosch

белка

das Eichhörnchen

еж

der Igel

заяц

der Hase

сова

die Eule

птица

die Vogel

лебедь

der Schwan

кабан

das Wildschwein

олень

der Hirsch

лось

der Elch

плотина

der Staudamm

ветряной генератор

das Windrad

солнечная батарея

das Solarmodul

климат

das Klima

официант
der Kellner

меню
die Speisekarte

стул
der Sessel

суп
die Suppe

пицца
die Pizza

столовые приборы
das Besteck

скатерть
die Tischdecke

закуска

die Vorspeise

главное блюдо

das Hauptgericht

десерт

die Nachspeise

напитки

die Getränke

еда

das Essen

бутылка

die Flasche

фастфуд

das Fastfood

уличная еда

das Streetfood

чайник

die Teekanne

сахарница

die Zuckerdose

порция

die Portion

кофеварка

die Espressomaschine

детский стульчик

der Kinderstuhl

счет

die Rechnung

поднос

das Tablett

нож

das Messer

вилка

die Gabel

ложка

der Löffel

чайная ложка

der Teelöffel

салфетка

die Serviette

стакан

das Glas

ресторан - das Restaurant

тарелка

der Teller

суповая тарелка

der Suppenteller

блюдце

die Untertasse

соус

die Sauce

солонка

der Salzstreuer

мельница для перца

die Pfeffermühle

уксус

der Essig

масло

das Öl

специи

die Gewürze

кетчуп

das Ketchup

горчица

der Senf

майонез

die Mayonnaise

специальное предложение
das Angebot

покупатель
der Kunde

молочные продукты
die Milchprodukte

фрукты
das Obst

тележка для покупок
der Einkaufswagen

мясной магазин

die Schlachterei

пекарня

die Bäckerei

взвешивать

wiegen

овощи

das Gemüse

мясо

das Fleisch

быстрозамороженные
продукты

die Tiefkühlkost

нарезка

der Aufschnitt

консервы

die Konserven

стиральный порошок

das Waschmittel

сладости

die Süßigkeiten

предмет домашнего обихода

die Haushaltsartikel

моющее средство

das Reinigungsmittel

продавщица

die Verkäuferin

касса

die Kassa

кассир

die Kassiererin

список покупок

die Einkaufsliste

время работы

die Öffnungszeiten

бумажник

die Brieftasche

кредитная карточка

die Kreditkarte

сумка

die Tasche

полиэтиленовый пакет

die Plastiktüte

супермаркет - der Supermarkt

die Getränke

вода

das Wasser

сок

der Saft

молоко

die Milch

кока-кола

die Cola

вино

der Wein

пиво

das Bier

алкоголь

der Alkohol

какао

der Kakao

чай

der Tee

кофе

der Kaffee

эспрессо

der Espresso

капучино

der Cappuccino

банан

die Banane

яблоко

der Apfel

апельсин

die Orange

арбуз

die Melone

лимон

die Zitrone

морковь

die Karotte

чеснок

der Knoblauch

бамбук

der Bambus

лук

die Zwiebel

гриб

der Pilz

орехи

die Nüsse

лапша

die Nudeln

спагетти

die Spaghetti

рис

der Reis

салат

der Salat

картофель фри

die Pommes frites

жареный картофель

die Bratkartoffeln

пицца

die Pizza

гамбургер

der Hamburger

сэндвич

das Sandwich

шницель

das Schnitzel

ветчина

der Schinken

салями

die Salami

колбаса

die Wurst

курица

das Huhn

жаркое

der Braten

рыба

der Fisch

овсяные хлопья

die Haferflocken

мюсли

das Müsli

кукурузные хлопья

die Cornflakes

мука

das Mehl

круассан

das Croissant

булочка

die Semmel

хлеб

das Brot

тост

der Toast

печенье

die Kekse

масло

die Butter

творог

der Topfen

пирог

der Kuchen

яйцо

das Ei

яичница

das Spiegelei

сыр

der Käse

мороженое

die Eiscreme

сахар

der Zucker

мёд

der Honig

мармелад

die Marmelade

крем с нугой

der Schokoladenaufstrich

карри

das Curry

крестьянский дом
das Bauernhaus

тюк из соломы
der Strohballen

сарай
die Scheune

поле
das Feld

лошадь
das Pferd

прицеп
der Anhänger

трактор
der Traktor

жеребёнок
das Fohlen

осёл
der Esel

ягнёнок
das Lamm

овца
das Schaf

коза

die Ziege

корова

die Kuh

телёнок

das Kalb

свинья

das Schwein

поросёнок

das Ferkel

бык

der Stier

гусь

die Gans

утка

die Ente

цыплёнок

das Küken

курица

das Huhn

петух

der Hahn

крыса

die Ratte

кошка

die Katze

мышь

die Maus

вол

der Ochse

собака

der Hund

конура

die Hundehütte

садовый шланг

der Gartenschlauch

лейка

die Gießkanne

коса

die Sense

плуг

der Pflug

ферма - der Bauernhof

серп

die Sichel

мотыга

die Hacke

навозные вилы

die Mistgabel

топор

die Axt

тачка

die Schubkarre

корыто

der Trog

бидон для молока

die Milchkanne

мешок

der Sack

забор

der Zaun

хлев

der Stall

теплица

das Treibhaus

почва

der Boden

посев

die Saat

удобрение

der Dünger

комбайн

der Mähdrescher

ферма - der Bauernhof

собирать урожай

ernten

урожай

die Ernte

ямс

die Yamswurzel

пшеница

der Weizen

соя

das Soja

картофель

der Erdapfel

кукуруза

der Mais

рапс

der Raps

фруктовое дерево

der Obstbaum

маниок

der Maniok

злаки

das Getreide

дымоход
der Schornstein

крыша
das Dach

водосточный желоб
die Regenrinne

окно
das Fenster

гараж
die Garage

звонок
die Klingel

дверь
die Tür

мусорное ведро
der Abfallkübel

почтовый ящик
der Briefkasten

сад
der Garten

гостиная

das Wohnzimmer

ванная комната

das Badezimmer

кухня

die Küche

спальня

das Schlafzimmer

детская комната

das Kinderzimmer

столовая

das Esszimmer

пол

der Boden

стена

die Wand

потолок

die Decke

подвал

der Keller

сауна

die Sauna

балкон

der Balkon

терраса

die Terrasse

бассейн

das Schwimmbad

газонокосилка

der Rasenmäher

пододеяльник

der Bettbezug

покрывало

die Bettdecke

кровать

das Bett

метла

der Besen

ведро

der Kübel

выключатель

der Schalter

обои
die Tapete

рисунок
das Bild

лампа
die Lampe

полка
das Regal

шкаф
der Schrank

телевизор
der Fernseher

камин
der Kamin

цветок
die Blume

подушка
der Polster

ваза
die Vase

диван
das Sofa

пульт дистанционного управления
die Fernbedienung

ковёр

der Teppich

штора

der Vorhang

стол

der Tisch

стул

der Sessel

кресло-качалка

der Schaukelstuhl

кресло

der Sessel

книга

das Buch

покрывало

die Decke

украшение

die Dekoration

дрова

das Feuerholz

фильм

der Film

стереосистема

die Stereoanlage

ключ

der Schlüssel

газета

die Zeitung

картина

das Gemälde

плакат

das Poster

радио

das Radio

блокнот

der Notizblock

пылесос

der Staubsauger

кактус

der Kaktus

свеча

die Kerze

холодильник
der Kühlschrank

микроволновая печь
die Mikrowelle

кухонные весы
die Küchenwaage

тостер
der Toaster

моющее средство
das Reinigungsmittel

морозилка
das Gefrierfach

духовка
der Backofen

мусорное ведро
der Abfallkübel

посудомоечная машина
der Geschirrspüler

плита
der Herd

кастрюля
der Topf

чугунный котелок
der Eisentopf

вок / кадай
der Wok / Kadai

сковорода
die Pfanne

чайник
der Wasserkocher

пароварка

der Dampfgarer

противень

das Backblech

посуда

das Geschirr

кружка

der Becher

миска

die Schale

палочки для еды

die Essstäbchen

половник

der Schöpflöffel

лопатка

der Pfannenwender

сбивалка

der Schneebesen

сито

das Kochsieb

сито

das Sieb

тёрка

die Reibe

ступка

der Mörser

гриль

der Grill

костёр

das Kaminfeuer

доска

das Schneidebrett

скалка

das Nudelholz

штопор

der Korkenzieher

жестяная банка

die Dose

консервный нож

der Dosenöffner

прихватка

der Topflappen

раковина

das Waschbecken

щетка

die Bürste

губка

der Schwamm

миксер

der Mixer

морозильная камера

die Gefriertruhe

бутылочка для кормления

die Babyflasche

кран

der Wasserhahn

кухня - die Küche

отопление
die Heizung

душ
die Dusche

полотенце
das Handtuch

душевая занавеска
der Duschvorhang

пенистая ванна
das Schaumbad

ванна
die Badewanne

стакан
das Glas

стиральная машина
die Waschmaschine

кран
der Wasserhahn

плитка
die Fliesen

горшок
der Nachttopf

раковина
das Waschbecken

туалет	напольный унитаз	биде
das Klo	die Hocktoilette	das Bidet

писсуар	туалетная бумага	ершик
das Pissoir	das Klopapier	die Klobürste

зубная щетка

die Zahnbürste

зубная паста

die Zahnpasta

зубная нить

die Zahnseide

мыть

waschen

ручной душ

die Handbrause

интимный душ

die Intimdusche

таз

die Waschschüssel

щетка для спины

die Rückenbürste

мыло

die Seife

гель для душа

das Duschgel

шампунь

das Shampoo

мочалка

der Waschlappen

сток

der Abfluss

крем

die Creme

дезодорант

das Deodorant

зеркало

der Spiegel

ручное зеркало

der Kosmetikspiegel

бритва

der Rasierer

пена для бритья

der Rasierschaum

лосьон после бритья

das Rasierwasser

расческа

der Kamm

щетка

die Bürste

фен

der Föhn

лак для волос

das Haarspray

косметика

das Makeup

губная помада

der Lippenstift

лак для ногтей

der Nagellack

вата

die Watte

маникюрные ножницы

die Nagelschere

духи

das Parfum

косметичка

der Kulturbeutel

табуретка

der Hocker

весы

die Waage

халат

der Bademantel

резиновые перчатки

die Gummihandschuhe

тампон

das Tampon

гигиеническая прокладка

die Damenbinde

биотуалет

die Chemietoilette

детская комната
das Kinderzimmer

будильник
der Wecker

мягкая игрушка
das Kuscheltier

игрушечный автомобиль
das Spielzeugauto

кукольный домик
das Puppenhaus

подарок
das Geschenk

погремушка
die Rassel

воздушный шар

der Ballon

кровать

das Bett

детская коляска

der Kinderwagen

карточная игра

das Kartenspiel

пазл

das Puzzle

комикс

der Comic

кирпичики Лего

die Legosteine

кубики

die Bausteine

игрушечная фигурка

die Actionfigur

ползунки

der Strampelanzug

фрисби

das Frisbee

мобиле

das Mobile

настольная игра

das Brettspiel

кубик

der Würfel

модель железной дороги

die Modelleisenbahn

соска

der Schnuller

вечеринка

die Party

книга с картинками

das Bilderbuch

мяч

der Ball

кукла

die Puppe

играть

spielen

песочница

der Sandkasten

качели

die Schaukel

игрушка

das Spielzeug

игровая приставка

die Spielkonsole

трёхколесный велосипед

das Dreirad

плюшевый медвежонок

der Teddy

шкаф для одежды

der Kleiderschrank

одежда
die Kleidung

носки

die Socken

чулки

die Strümpfe

колготки

die Strumpfhose

шарф
der Schal

зонтик
der Regenschirm

ремень
der Gürtel

футболка
das T-Shirt

сапоги
die Stiefel

тапки
die Hausschuhe

кроссовки
die Turnschuhe

сандалии
die Sandalen

ботинки
die Schuhe

резиновые сапоги
die Gummistiefel

трусы
die Unterhose

бюстгальтер
der Büstenhalter

майка
das Unterhemd

боди

der Body

брюки

die Hose

джинсы

die Jeans

юбка

der Rock

блузка

die Bluse

рубашка

das Hemd

свитер

der Pullover

свитер

der Kapuzenpullover

спортивная куртка

der Blazer

жакет

die Jacke

пальто

der Mantel

плащ

der Regenmantel

костюм

das Kostüm

платье

das Kleid

свадебное платье

das Hochzeitskleid

одежда - die Kleidung

мужской костюм

der Anzug

ночная сорочка

das Nachthemd

пижама

der Pyjama

сари

der Sari

платок

das Kopftuch

тюрбан

der Turban

паранджа

die Burka

кафтан

der Kaftan

абайя

die Abaya

купальник

der Badeanzug

плавки

die Badehose

шорты

die kurze Hose

спортивный костюм

der Jogginganzug

фартук

die Schürze

перчатки

die Handschuhe

пуговица

der Knopf

очки

die Brille

браслет

das Armband

цепочка

die Halskette

кольцо

der Ring

серьга

der Ohrring

шапка

die Mütze

вешалка

der Kleiderbügel

шляпа

der Hut

галстук

die Krawatte

застежка молния

der Reißverschluss

шлем

der Helm

подтяжки

der Hosenträger

школьная форма

die Schuluniform

форма

die Uniform

детский нагрудник

das Lätzchen

соска

der Schnuller

подгузник

die Windel

офис
das Büro

сервер
der Server

канцелярский шкаф
der Aktenschrank

принтер
der Drucker

монитор
der Monitor

бумага
das Papier

письменный стол
der Schreibtisch

мышь
die Maus

папка
der Ordner

клавиатура
die Tastatur

корзина для бумаг
der Papierkorb

компьютер
der Computer

стул
der Sessel

кофейная кружка

der Kaffeebecher

калькулятор

der Taschenrechner

интернет

das Internet

ноутбук

der Laptop

письмо

der Brief

сообщение

die Nachricht

мобильный телефон

das Handy

сеть

das Netzwerk

ксерокс

der Kopierer

программа

die Software

телефон

das Telefon

розетка

die Steckdose

факс

das Fax

формуляр

das Formular

документ

das Dokument

покупать

kaufen

платить

bezahlen

торговать

handeln

деньги

das Geld

доллар

der Dollar

евро

der Euro

иена

der Yen

рубль

der Rubel

франк

der Franken

жэньминьби юань

der Renminbi Yuan

рупия

die Rupie

банкомат

der Bankomat

пункт обмена валюты

die Wechselstube

золото

das Gold

серебро

das Silber

нефть

das Öl

энергия

die Energie

цена

der Preis

договор

der Vertrag

налог

die Steuer

акция

die Aktie

работать

arbeiten

служащий

der Angestellte

работодатель

der Arbeitgeber

фабрика

die Fabrik

магазин

das Geschäft

милиционер
der Polizist

пожарный
der Feuerwehrmann

повар
der Koch

врач
die Ärztin

пилот
der Pilot

садовник
der Gärtner

столяр
der Tischler

швея
die Schneiderin

судья
der Richter

химик
die Chemikerin

актёр
der Schauspieler

водитель автобуса

der Busfahrer

таксист

der Taxifahrer

рыбак

der Fischer

уборщица

die Putzfrau

кровельщик

der Dachdecker

официант

der Kellner

охотник

der Jäger

художник

der Maler

пекарь

der Bäcker

электрик

der Elektriker

строитель

der Bauarbeiter

инженер

der Ingenieur

мясник

der Schlachter

сантехник

der Installateur

почтальон

die Briefträgerin

солдат

der Soldat

архитектор

der Architekt

кассир

die Kassiererin

флорист

die Blumenhändlerin

парикмахер

der Friseur

кондуктор

der Schaffner

механик

der Mechaniker

капитан

der Kapitän

зубной врач

die Zahnärztin

ученый

der Wissenschaftler

раввин

der Rabbi

имам

der Imam

монах

der Mönch

священник

der Pfarrer

молоток
der Hammer

плоскогубцы
die Zange

отвёртка
der Schraubenzieher

гаечный ключ
der Schraubenschlüssel

карманный фона
die Taschenlamp

экскаватор

der Bagger

ящик для инструментов

der Werkzeugkasten

стремянка

die Leiter

пила

die Säge

гвозди

die Nägel

дрель

der Bohrer

ремонтировать

reparieren

лопата

die Schaufel

Блин!

Scheiße!

совок

die Kehrschaufel

ведро с краской

der Farbtopf

винты

die Schrauben

музыкальные инструменты
die Musikinstrumente

громкоговоритель
der Lautsprecher

ударный инструмент
das Schlagzeug

гитара
die Gitarre

контрабас
der Kontrabass

труба
die Trompete

пианино

das Klavier

скрипка

die Violine

бас-гитара

der Bass

литавры

die Pauke

барабан

die Trommeln

синтезатор

die Tastatur

саксофон

das Saxophon

флейта

die Flöte

микрофон

das Mikrofon

вход
der Eingang

тигр
der Tiger

клетка
der Käfig

зебра
das Zebra

корм
das Tierfutter

панда
der Panda

животные

die Tiere

слон

der Elefant

кенгуру

das Känguru

носорог

das Nashorn

горилла

der Gorilla

медведь

der Bär

верблюд

das Kamel

страус

der Strauß

лев

der Löwe

обезьяна

der Affe

фламинго

der Flamingo

попугай

der Papagei

белый медведь

der Eisbär

пингвин

der Pinguin

акула

der Hai

павлин

der Pfau

змея

die Schlange

крокодил

das Krokodil

служитель зоопарка

der Zoowärter

тюлень

die Robbe

ягуар

der Jaguar

зоопарк - der Zoo

пони

das Pony

леопард

der Leopard

бегемот

das Nilpferd

жираф

die Giraffe

орёл

der Adler

кабан

das Wildschwein

рыба

der Fisch

черепаха

die Schildkröte

морж

das Walross

лиса

der Fuchs

газель

die Gazelle

спорт
der Sport

американский футбол
das American Football

езда на велосипеде
das Radfahren

теннис
das Tennis

баскетбол
der Basketball

плавание
das Schwimmen

бокс
das Boxen

хоккей
das Eishockey

футбол

der Fußball

бадминтон

das Badminton

лёгкая атлетика

die Leichtathletik

гандбол

der Handball

лыжный спорт

das Skifahren

поло

das Polo

смеяться
lachen

прыгать
springen

обнимать
umarmen

идти
gehen

петь
singen

мечтать
träumen

молиться
beten

целовать
küssen

писать

schreiben

рисовать

zeichnen

показывать

zeigen

нажимать

drücken

давать

geben

брать

nehmen

иметь

haben

делать

machen

быть

sein

стоять

stehen

бежать

laufen

тянуть

ziehen

бросать

werfen

падать

fallen

лежать

liegen

ждать

warten

носить

tragen

сидеть

sitzen

надевать

anziehen

спать

schlafen

просыпаться

aufwachen

рассматривать

ansehen

плакать

weinen

гладить

streicheln

причесывать

frisieren

говорить

reden

понимать

verstehen

спрашивать

fragen

слушать

hören

пить

trinken

кушать

essen

наводить порядок

zusammenräumen

любить

lieben

готовить

kochen

ехать

fahren

летать

fliegen

действия - die Aktivitäten

ходить под парусом

segeln

считать

rechnen

читать

lesen

учиться

lernen

работать

arbeiten

вступать в брак

heiraten

шить

nähen

чистить зубы

Zähne putzen

убивать

töten

курить

rauchen

отправлять

senden

бабушка
die Großmutter

дедушка
der Großvater

папа
der Vater

мама
die Mutter

младенец
das Baby

дочь
die Tochter

сын
der Sohn

гость

der Gast

тетя

die Tante

дядя

der Onkel

брат

der Bruder

сестра

die Schwester

лоб
▶ die Stirn

глаз
das Auge

плечо
die Schulter

палец
der Finger

лицо
das Gesicht

подбородок
das Kinn

кисть
die Hand

грудь
die Brust

нога
das Bein

рука
der Arm

младенец
....
das Baby

мужчина
....
der Mann

женщина
....
die Frau

девочка
....
das Mädchen

мальчик
....
der Junge

голова
....
der Kopf

спина

der Rücken

живот

der Bauch

пупок

der Nabel

палец ноги

der Zeh

пятка

die Ferse

кость

der Knochen

бедро

die Hüfte

колено

das Knie

локоть

der Ellbogen

нос

die Nase

ягодицы

das Gesäß

кожа

die Haut

щека

die Wange

ухо

das Ohr

губа

die Lippe

тело - der Körper

рот

der Mund

зуб

der Zahn

язык

die Zunge

мозг

das Gehirn

сердце

das Herz

мышца

der Muskel

лёгкое

die Lunge

печень

die Leber

желудок

der Magen

почки

die Nieren

половой акт

der Geschlechtsverkehr

презерватив

das Kondom

яйцеклетка

die Eizelle

сперма

das Sperma

беременность

die Schwangerschaft

менструация

die Menstruation

вагина

die Vagina

пенис

der Penis

бровь

die Augenbraue

волосы

das Haar

шея

der Hals

больница
das Spital

машина скорой помощи
die Rettung

кресло-каталка
der Rollstuhl

перелом
der Bruch

врач

die Ärztin

пункт первой помощи

die Notaufnahme

медсестра

die Krankenschwester

неотложный случай

der Notfall

без сознания

ohnmächtig

боль

der Schmerz

повреждение

die Verletzung

кровотечение

die Blutung

инфаркт

der Herzinfarkt

инсульт

der Schlaganfall

аллергия

die Allergie

кашель

der Husten

повышенная температура

das Fieber

грипп

die Grippe

понос

der Durchfall

головная боль

die Kopfschmerzen

рак

der Krebs

диабет

die Diabetes

хирург

der Chirurg

скальпель

das Skalpell

операция

die Operation

КТ

das CT

рентген

das Röntgen

ультразвук

der Ultraschall

маска

die Maske

болезнь

die Krankheit

приёмная

das Wartezimmer

костыль

die Krücke

пластырь

das Pflaster

бинт

der Verband

укол

die Injektion

стетоскоп

das Stethoskop

носилки

die Trage

термометр

das Thermometer

рождение

die Geburt

избыточный вес

das Übergewicht

слуховой аппарат

das Hörgerät

дезинфекционное средство

das Desinfektionsmittel

инфекция

die Infektion

вирус

das Virus

ВИЧ / СПИД

das HIV / AIDS

лекарство

die Medizin

прививка

die Impfung

таблетки

die Tabletten

противозачаточная таблетка

die Pille

экстренный вызов

der Notruf

прибор для измерения кровяного давления

der Blutdruckmesser

больной / здоровый

krank / gesund

Помогите!

Hilfe!

сигнал тревоги

der Alarm

нападение

der Überfall

атака

der Angriff

опасность

die Gefahr

запасной выход

der Notausgang

Пожар!

Feuer!

огнетушитель

der Feuerlöscher

несчастный случай

der Unfall

аптечка

der Erste-Hilfe-Koffer

SOS

SOS

милиция

die Polizei

Европа

das Europa

Северная Америка

das Nordamerika

Южная Америка

das Südamerika

Африка

das Afrika

Азия

das Asien

Австралия

das Australien

Атлантический океан

der Atlantik

Тихий океан

der Pazifik

Индийский океан

der Indische Ozean

Антарктический океан

der Antarktische Ozean

Северный Ледовитый океан

der Arktische Ozean

Северный полюс

der Nordpol

Южный полюс

der Südpol

Антарктика

die Antarktis

земля

die Erde

суша

das Land

море

das Meer

остров

die Insel

нация

die Nation

государство

der Staat

земля - die Erde

циферблат

das Ziffernblatt

часовая стрелка

der Stundenzeiger

минутная стрелка

der Minutenzeiger

секундная стрелка

der Sekundenzeiger

Который час?

Wie spät ist es?

день

der Tag

время

die Zeit

сейчас

jetzt

электронные часы

die Digitaluhr

минута

die Minute

час

die Stunde

понедельник
der Montag

среда
der Mittwoch

пятница
der Freitag

вторник
der Dienstag

четверг
der Donnerstag

суббота
der Samstag

воскресенье
der Sonntag

вчера

gestern

сегодня

heute

завтра

morgen

утро

der Morgen

полдень

der Mittag

вечер

der Abend

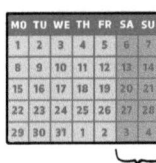

рабочие дни

die Arbeitstage

выходные

das Wochenende

дождь
der Regen

радуга
der Regenbogen

снег
der Schnee

ветер
der Wind

весна
der Frühling

осень
der Herbst

лето
der Sommer

зима
der Winter

прогноз погоды

die Wettervorhersage

термометр

das Thermometer

солнечный свет

der Sonnenschein

туча

die Wolke

туман

der Nebel

влажность воздуха

die Luftfeuchtigkeit

молния

der Blitz

гром

der Donner

буря

der Sturm

град

der Hagel

муссон

der Monsun

наводнение

die Flut

лёд

das Eis

январь

der Jänner

февраль

der Februar

март

der März

апрель

der April

май

der Mai

июнь

der Juni

июль

der Juli

август

der August

год - das Jahr

сентябрь

der September

октябрь

der Oktober

ноябрь

der November

декабрь

der Dezember

формы
die Formen

круг

der Kreis

квадрат

das Quadrat

прямоугольник

das Rechteck

треугольник

das Dreieck

шар

die Kugel

куб

der Würfel

белый

weiß

желтый

gelb

оранжевый

orange

розовый

pink

красный

rot

лиловый

lila

синий

blau

зелёный

grün

коричневый

braun

серый

grau

черный

schwarz

много / мало

viel / wenig

яростный / мирный

wütend / friedlich

красивый / уродливый

hübsch / hässlich

начало / конец

der Anfang / das Ende

большой / маленький

groß / klein

светлый / темный

hell / dunkel

брат / сестра

der Bruder / die Schwester

чистый / грязный

sauber / schmutzig

полный / неполный

vollständig / unvollständig

день / ночь

der Tag / die Nacht

мёртвый / живой

tot / lebendig

широкий / узкий

breit / schmal

съедобный / несъедобный

genießbar / ungenießbar

злой / дружелюбный

böse / freundlich

взволнованный /
скучающий
aufgeregt / gelangweilt

толстый / худой

dick / dünn

сначала / в конце

zuerst / zuletzt

друг / враг

der Freund / der Feind

полный / пустой

voll / leer

твёрдый / мягкий

hart / weich

тяжёлый / легкий

schwer / leicht

голод / жажда

der Hunger / der Durst

больной / здоровый

krank / gesund

незаконный / законный

illegal / legal

умный / глупый

gescheit / dumm

слева / справа

links / rechts

близко / далеко

nah / fern

новый / подержанный

neu / gebraucht

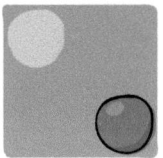

ничто / нечто

nichts / etwas

старый / молодой

alt / jung

включено / выключено

an / aus

открыто / закрыто

offen / geschlossen

тихо / громко

leise / laut

богатый / бедный

reich / arm

правильный /
неправильный

richtig / falsch

шероховатый / гладкий

rau / glatt

печальный / счастливый

traurig / glücklich

короткий / длинный

kurz / lang

медленный / быстрый

langsam / schnell

мокрый / сухой

nass / trocken

тёплый / прохладный

warm / kühl

война / мир

der Krieg / der Frieden

противоположности - die Gegenteile

0

ноль

null

1

один

eins

2

два

zwei

3

три

drei

4

четыре

vier

5

пять

fünf

6

шесть

sechs

7

семь

sieben

8

восемь

acht

9

девять

neun

10

десять

zehn

11

одиннадцать

elf

12

двенадцать

zwölf

13

тринадцать

dreizehn

14

четырнадцать

vierzehn

15

пятнадцать

fünfzehn

16

шестнадцать

sechzehn

17

семнадцать

siebzehn

18

восемнадцать

achtzehn

19

девятнадцать

neunzehn

20

двадцать

zwanzig

100

сто

hundert

1.000

тысяча

tausend

1.000.000

миллион

Million

английский

Englisch

американский английский

Amerikanisches Englisch

мандаринский китайский

Chinesisch (Mandarin)

хинди

Hindi

испанский

Spanisch

французский

Französisch

арабский

Arabisch

русский

Russisch

португальский

Portugiesisch

бенгальский

Bengalisch

немецкий

Deutsch

японский

Japanisch

я

ich

ты

du

он / она / оно

er / sie / es

мы

wir

вы

ihr

они

sie

кто?

Wer?

что?

Was?

как?

Wie?

где?

Wo?

когда?

Wann?

имя

Name

за
hinter

в
in

перед
vor

над
über

на
auf

под
unter

рядом
neben

между
zwischen

место
der Ort